AF240285

L'Ermitage Monolithe
de Saint-Martial
à Mortagne-sur-Gironde

Guide des Pèlerins et des Touristes

IMPRIMERIE ROYANNAISE, 65, RUE DE FONCILLON

MORTAGNE-SUR-GIRONDE — La Chapelle Monolithe

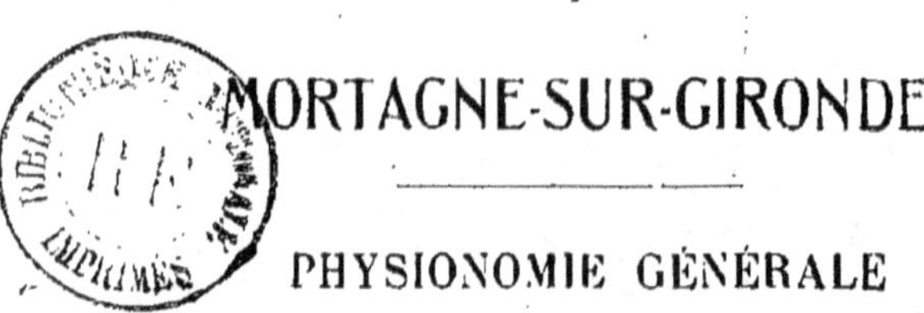MORTAGNE-SUR-GIRONDE

PHYSIONOMIE GÉNÉRALE

Située entre de vastes landes et le fleuve de la Gironde, large en cet endroit de 14 kilomètres, Mortagne a une superficie de 1.800 hectares. Très accidenté, le pays est extrèmement pittoresque. Une chaîne de rochers de plus de 20 mètres de hauteur, entrecoupés de profonds ravins, domine le fleuve sur une longueur d'environ 4 kilomètres. Du sommet de ces falaises, le touriste a sous les yeux un panorama ravissant ; il admire l'immense prairie, la vaste étendue des eaux moutonnantes, et la côte du Médoc.

Si l'on descend au pied de ces masses rocheuses, leur sillonnement suggère l'idée qu'autrefois les flots de la mer venaient se briser contre elles. Les havres qui s'ouvrent dans les terres, entre les différentes falaises, semblent avoir été formés par la Providence pour servir d'abri aux vaisseaux.

Deux ruisseaux arrosent le territoire de la coquette petite cité : celui de Fontaurit, dont la source abondante, en partie captée, alimente le château d'eau qui distribue l'eau à la ville ; celui de Fondéviné, dont les ondes limpides actionnent la laiterie qui porte son nom. Ces deux ruisseaux ont leur confluent près de la Gravelle. Unis, il s'en vont, à travers un lit canalisé, se perdre dans le bassin à flots du port, après avoir arrosé les terres de l'Ermitage St-Martial.

La ville est dotée d'un port de commerce autrefois très important. On y construisait des bâtiments d'un assez fort tonnage qui allaient prendre gréement à Bordeaux. Il est encore assez fréquenté et l'un des plus actifs de la côte. Les pêcheurs sont en petit nombre. Ils pêchent la sole, le carrelet, le mulet et surtout l'esturgeon, connu dans la région sous le nom de " créa ".

Deux importantes minoteries se dressent sur les rives du Port. Une usine à ciment est en pleine activité au hameau de la Gravelle.

Deux foires viennent donner, au cours de l'année, une animation extraordinaire à Mortagne La Foire de la Rive attire de nombreux promeneurs, le troisième dimanche de Juillet. Des régates sur le bassin à flots, des jeux divers en sont les principales attractions. La grande foire annuelle est celle de Saint-Fiacre, les 30 et 31 Août. Il y a marché tous les jeudis.

La commune compte 1.530 habitants.

SON HISTOIRE

Mortagne est une vieille cité. Charlemagne, poursuivant les Maures et se rendant en Espagne, y séjourna. C'est même de la fondation d'une colonie Maure, sur ce coin de terre de Saintonge, que Mortagne tire son nom. Le mot latin de Mortagne (Mauritania) légitime cette opinion, plus plausible, à notre avis, que celle qui prétend que Mortagne doit son nom à sa situation sur une chaîne de petites montagnes.

Quoi qu'il en soit, l'ancienne ville, qui était placée au nord-ouest du chef-lieu actuel, paraît avoir occupé un vaste emplacement. Le tènement de terre où elle était bâtie s'appelle aujourd'hui " Vieille Mortagne ". Un hameau, près de la forêt de Valleret, à une lieue de la ville, possède un chemin connu sous le nom de " rue des Ballets ". Les faubourgs devaient donc s'étendre au loin.

Mortagne avait été érigée en principauté en faveur de la maison de Montberon. Un château, campé sur un rocher escarpé, entouré de remparts, dominait la Gironde. Sur son emplacement, on voit une construction moderne banale, toujours désignée sous le nom ' Le château ".

Au moment de la Révolution, deux abbayes offraient un asile sûr aux âmes éprises d'idéal et désireuses de mettre en pratique les conseils évangéliques : Notre-Dame et Sainte-Catherine. Les ruines elles-mêmes ont péri.

Mutilée par les protestants, l'église paroissiale, dédiée à Saint-Etienne, premier martyr, date du XIIe siècle. On y admire de très beaux chapiteaux et une jolie absidiole. Le clocher construit en 1860 est surmonté d'une flèche hardie et gracieuse.

Mortagne revendique l'honneur d'avoir donné le jour à Saint-Ausone, premier évêque d Angoulême et martyr.

ii

L'ERMITAGE SAINT-MARTIAL

ORIGINE

La tradition attribue à Saint-Martial la fondation de l'ermitage, au 11ᵉ siècle de l'ère chrétienne.

Premier évêque de Limoges, Martial a été l'apôtre de notre contrée. Il est dit, dans la vie du saint Pontife, qu'il aimait à se retirer dans un ermitage sur les bords de la Gironde. Or, sur les rives du fleuve, on ne connait que l'ermitage de Mortagne. Selon toute vraisemblance, c'est donc bien le sanctuaire fondé par l'illustre confesseur de la Foi.

A l'époque reculée où fut fondé l'ermitage, la Gironde s'avançait jusqu'au pied des rochers et recouvrait l'immense prairie qui se développe maintenant au midi. Aussi les ermites creusèrent-ils leur passage au sommet du rocher communiquant avec les terres et n'établirent-ils leurs cellules qu'au milieu de cette masse calcaire. Au fur et à mesure que les eaux s'éloignèrent, ils abaissèrent leurs logements souterrains et se frayèrent une autre issue au pied même du rocher. C'est ainsi que fut creusé, dans l'intérieur de la falaise, de son sommet à sa base, l'escalier si curieux, qui fait l'admiration des pèlerins et des touristes.

Il est probable que l'ermitage eut à souffrir de l'invasion des Maures. Toujours est-il que c'est au Xᵉ siècle que l'ermitage agrandi devint un monastère.

La chapelle monolithe, en son état actuel, ainsi que

les statues de Saint-Antoine, ermite, et de Saint-Martial,
datent des Xe et XIe siècles. Depuis un temps immémorial, le Sanctuaire est dédié à Saint-Martial.

Des moines, durant tout le moyen âge, ont vécu dans
cet ermitage [1] creusé dans le roc. Les fils de Saint François
s'y établirent à une époque qu'il est difficile de préciser.

SAINT-AUSONE ET L'ERMITAGE

Au souvenir de Saint Martial, premier apôtre de ces
contrées, se mêle celui de Saint-Ausone, son disciple,
né à Mortagne : « In terretorii Aquitanici oppido, quod
dicitur Mauritania ».

Fils d'Albin et d'Eugénie, qui possédaient de grandes
richesses, Ausone avait un frère jumeau, Aptone. Par
ses prédications, Martial gagna la famille d'Albin à la
cause de l'Eglise. Il conféra le baptême aux parents et
aux enfants.

Ausone aimait à suivre son père dans la Foi, dans le
recueillement et le silence de l'ermitage.

A son tour, il prêcha l'évangile. Il quitte alors la cité
et devient le premier évêque d'Angoulême où il subit
le martyre.

CONFISCATION DE L'ERMITAGE

Au moment où éclata la tourmente révolutionnaire,
sept Récollets [2] vivaient dans l'antique monastère. Ces

---

(1) L'Ermitage comprend : Une tour, un réfectoire, une cuisine, un
dortoir, un cellier, une cellule, un escalier, une chapelle avec tribune
et déambulatoire.

(2) Les récollets sont des religieux formant l'une des branches de la
famille fransciscaine : Franciscains, récollets, capucins.

religieux, croit-on, avec l abbé Réveillaud[1], curé archi
prêtre de Saint-Fort-sur-Gironde, se réfugièrent en
Espagne. L'ermitage confisqué fut vendu comme bien
national. Vers 1876, sous l'épiscopat de Monseigneur
Thomas, évêque de La Rochelle et Saintes, la famille
Ders qui détenait ce précieux monument, consentit à le
céder. Une pieuse personne de Mortagne, Mademoiselle
Dumas, religieuse au carmel de Saintes, morte en exil
en Belgique, victime des lois Waldeck-Rousseau, contre les congrégations, avait offert la somme nécessaire
à ce rachat. Depuis, l'ermitage appartient à une société
civile régulièrement constituée. Le curé de Mortagne en
est le mandataire.

LE TRÉSOR

Nous possédons des reliques de Saint-Ausone, le glo-
rieux enfant de Mortagne. Nous conservons précieuse-
ment le calice du Frère Antoine. Ce calice en argent
ciselé et repoussé, date du XVIIe siècle ; c'est du Louis
XIII. Deux angelets en bois dorés, deux reliquaires en
bois, enrichissent notre trésor. Le tout est du XIIe siècle. La statue en pierre de Saint-Antoine, ermite, accom
pagné de son inséparable bête, celle de Saint-Martial,
deux anges adorateurs témoignent qu'au XIe siècle, ces
saints personnages étaient l'objet de la vénération des
moines et des fidèles. Sur les parois mêmes de la chapelle, à droite et à gauche de l'autel, deux beaux anges
sont sculptés. La pierre sacrée est en notre possession.

(1) Après la signature du concordat l'abbé Réveillaud revint dans le
diocèse et fut nommé curé archiprêtre de St-Pierre de Saintes où il
est mort après un long et fécond ministère.

Hélas, de la chàsse placée sous l'autel, il ne reste que l'emplacement. Les croix des tombes ont disparu et j'ignore où reposent les corps des moines d'antan. La cloche a été brisée par les révolutionnaires de 93. Plusieurs de ces objets que je viens de désigner se trouvent actuellement à la paroisse.

LE PÈLERINAGE

Le pèlerinage remonte à la plus haute antiquité. Au moment où éclatèrent les guerres de religion, il était très fréquenté. Par leurs violences répétées, les protestants obligèrent les catholiques à renoncer à leurs pieuses manifestations. Ce n'est qu'en 1703 que la tradition fut reprise, comme en témoigne le précieux document du curé C. Bourru.

« Le deuxième du mois d'avril mil sept cent trois, je,
« prestre sous signé, curé de l'esglise paroissiale de
« Saint-Etienne de Mortagne, religieux de l'ordre des
« chanoines réguliers de Saint-Augustin, ce dit jour
« mardi de Pàques, moy indigne ay heu l'honneur et le
« bonheur après avoir accompagné la procession compo-
« sée non seulement des peuples de la présente paro'sse
« mais aussi des peuples des paroisses voisines à l'hermi-
« tage de Saint-Marsauld et y avoir célèbré ce dit jour
« la sainte Messe et y rétabli l'ancienne dévotion de temps
« immémorial, interrompue par les hérétiques ; ce qui
« a esté fait par le consentement de Messieurs les Vicai-
« res Généraux et par les soins de frère Jean Bouchet,
« hermite, demeurant au dit hermitage ; a esté fait au
« désir de tous les peuples, la procession ayant passé

« par les bas de la Rive et retourné par le degré qui
« monte à la Croix.

« En témoignage de quoi j'ay escrit sur le présent
« registre pour qu'il en soit fait mémoire perpétuelle ».

C. BOURRU
Curé de Mortagne

Ce document, d'une valeur inappréciable, prouve que
le pèlerinage auquel M. l'abbé Louis Poirier, curé de
St-Etienne de Mortagne, convie les fidèles de la région,
le jeudi le plus proche de la fête de Saint-Martial, n'est
pas une innovation. C'est la résurrection d'une antique
tradition interrompue à nouveau par la Révolution de 93.

Déjà en 1851, sous le pastorat de M l'abbé Lambert,
cette pieuse tradition avait été renouée. A cette époque,
Monseigneur Coussot, évêque d'Angoulème et successeur
de Saint-Ausone, était venu bénir le clocher de la paroisse. Pieux pèlerin, suivi des prêtres et des fidèles, le
Prélat se rendit à l'ermitage. Tant que le rachat n'a pas
été un fait accompli, il fut impossible d'y organiser les
cérémonies du culte.

M. l'abbé Fleury, curé de Mortagne au moment du
rachat, prit l'habitude de célébrer la Messe d'action de
grâces de la Première Communion, dans la chapelle de
l'ermitage. Cet usage, longtemps en honneur, fut aban-
donné quelques années avant la guerre Dès 1920, un
pèlerinage paroissial groupa dans l'antique sanctuaire,
l'élite chrétienne de Mortagne. L'année suivante, les
paroisses voisines conduites par MM. les curés vinrent
grossir les rangs de la magnifique procession, et parti-
ciper au chant de la messe et des vêpres

Monseigneur Eyssautier, de regrettée mémoire, a béni
et approuvé cette œuvre de foi et de piété Dès son arri-
vée dans le diocèse, Monseigneur Curien a tenu à prési-

der le pèlerinage de 1924. Grande fut sa joie de voir un millier de pèlerins, groupés autour de l'autel dressé en plein air dans l'enclos ombragé de l'ermitage et avides d'entendre sa parole éloquente.

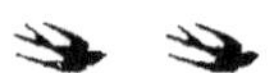

BESOINS DE L'ERMITAGE

Il ne suffit pas de restaurer les antiques traditions, il faudrait aussi réparer les dommages causés par le temps et par les visiteurs qui ne respectent rien

L'escalier, qui donnait accès à la tribune de la chapelle, s'est effondré, il y a plus de cinquante ans. Le pavillon édifié par **M.** l'abbé Braud menace ruines. La vieille tour découronnée s'écroule. Les portes du réfectoire, de la cuisine et des cellules sont toutes à refaire.

La chapelle elle-même, insuffisamment close, n'est pas à l'abri des visites indiscrètes des vagabonds. Quelques milliers de francs suffiraient pour parer au plus pressé. Que Dieu suscite des âmes généreuses, qui s'intéresse à cette œuvre, pour préserver de la ruine un sanctuaire vénérable par son antiquité et les souvenirs qui s'y rattachent ! Les amis du tourisme et de l'art ne peuvent non plus rester indifférents à la conservation d'un monument unique dans son genre et placé dans un cadre si enchanteur.

M. le Curé de Mortagne reçoit avec reconnaissance, les offrandes qu'on veut bien lui remettre ou lui faire parvenir pour l'aider dans cette tache difficile. Dans ces dernières années, quelques réparations ont été effectuées ; mais c est peu en comparaison de celles qui s'imposent.

Touristes et pèlerins des diocèses de La Rochelle, Limoges, Angoulême, soyez les premiers à vous unir aux habitants de Mortagne pour cette œuvre de restauration.

Louis POIRIER
Curé de Mortagne-sur Gironde

Cantique du Pèlerinage

Air : *Je suis chrétien*

Refrain

Saint Martial et Saint Ausone,
Du haut du ciel daignez bénir,
Vos fils de la terre Santone,
Saint Confesseur et saint Martyr !

I

Saint Martial sur ce rivage,
Où régnait le culte païen,
Vint établir son ermitage
Et rendre ce pays chrétien.

II

Ici même, sur ce rivage,
Sous le regard du grand ciel bleu,
Il vit dans son pauvre ermitage,
Bien loin du monde et près de Dieu.

III

L'enfant d'Albin et d'Eugénie,
Baptisé par Saint Martial,
A Dieu seul consacrant sa vie,
Devient l'apôtre sans égal.

IV

Pasteur, il prêche l'infidèle,
Combat et réfute l'erreur ;
Nul péril n'arrête son zèle,
Il est l'apôtre du Seigneur !

V

Voici l'heure du sacrifice,
Et le pasteur devient agneau !
Enchaîné, conduit au supplice,
Ausone meurt pour son troupeau.

VI

Limoges, Mortagne, Angoulême,
Chantez, chantez vos bons pasteurs ;
Ils sont votre gloire suprême,
Ils sont vos très saints protecteurs !

Renseignements pratiques

1 - Moyens d'accès à Mortagne. Mortagne estreliée à Saintes, chef-lieu de l'arrondissement, par une route départementale longue de 33 kilomètres. La ligne des chemins de fer économiques des Charentes relie Mortagne à Gémozac et Saintes d'une part et à Jonzac d'autre part.

La gare de Gémozac (lignes de Bordeaux-Royan et Angoulême-Cognac Royan) se trouve à 14 kilomètres de Mortagne. A défaut du train départemental on trouve à Gémozac et à Mortagne des voitures pour faire le trajet.

Une ligne d'autobus Mortagne-Royan assure la correspondance des trains de l'Etat en gare de Cozes et de Royan.

II. - Ressources On trouve à Mortagne, soit au bourg, soit à la Rive, des hôtels avec chambres convenables et repas bien servis à des prix modérés

On peut aussi s'approvisionner sur place et déjeuner sur l'herbe dans l'enclos de l'ermitage. On trouve des rafraichissements à l'ermitage.

III. - Itinéraires à suivre pour la visite de Mortagne et de l'ermitage.

a) Quand on arrive de Royan, Meschers, Talmont. S'arrêter aux halles. Se rendre sur la place dite " Barbacane " jouir du beau panorama sur la Rive et la Gironde. Suivre ensuite la falaise par le chemin de l'ermitage. Arrivé au pied de la tour, descendre l'escalier de l'ermitage Visiter les différentes pièces et surtout la chapelle. Se rendre à la Rive en suivant ' L'étier". Remonter aux halles par la vieille route si pittoresque, qui passe près de l'ancien château. Aux halles reprendre sa voiture, descendre la grand'rue. S'arrêter au monument des morts de la guerre, belle œuvre d'art, sur la place de l'église, et visiter l'église pour admirer l'absidiole, où se trouve la chapelle du Sacré-Cœur ornée des statues de Saint-Martial et de Saint-Ausone. Bien remarquer les chapiteaux des colonnes dans le bras du transept.

b) Quand on arrive de Saintes, Cognac, Bordeaux.

S'arrêter place de l'église en premier lieu. Après avoir visité l'église et salué le monument des morts de la guerre, se rendre aux halles et là suivre les indications données aux touristes venant de Royan.

Nota-Bene - On peut des Halles, descendre directement à la Rive et arriver à l'ermitage par le chemin qui longe " l'étier ", mais l'entrée à l'ermitage est moins impressionnante que faite par l'escalier.

IV. - A qui s'adresser pour la visite de l'ermitage. L'ermitage est une propriété privée sur laquelle nul ne peut pénétrer sans autorisation. M. le curé de Mortagne seul possède les clés et seul autorise les visites. Il faut donc s'adresser à la cure. Pendant les mois de Juillet, Août, Septembre, deux jours par semaine l'ermitage est ouvert de onze heures à dix-huit heures. Les syndicats d'initiative indiquent les jours.

En dehors de ces jours, s'adresser au presbytère. En cas d'absence, la visite doit être différée. Le droit d'entrée est de 2 francs par personne. Réduction pour familles nombreuses.

L'ermitage est fermé les dimanches et jours de fêtes.

V. - Indication des distances

Mortagne se trouve à :

13 kilomètres de Talmont.
18 kilomètres de Meschers.
24 kilomètres de Saint-Georges-de-Didonne.
28 kilomètres de Royan.
28 kilomètres de Saujon.
14 kilomètres de Cozes.
14 kilomètres de Gémozac.
24 kilomètres de Pons.
33 kilomètres de Saintes.
55 kilomètres de Ronce-les-Bains.
33 kilomètres de Jonzac.
61 kilomètres de Rochefort.
79 kilomètres de Fouras.

82 kilomètres de Chatelaillon.
96 kilomètres de La Rochelle.
44 kilomètres de Cogac.
44 kilomètres de Montendre.
98 kilomètres de Libourne.
52 kilomètres de Blaye.
100 kilomètres de Bordeaux.

Si les Moines pouvaient, ils vous diraient, je gage
Qu'ils ont vécu trop tôt,
N'ayant eu pour s'aider à creuser l'**Ermitage**

La Noisette Rambaud

C'est bien l'avis du sage.
Goûtez-la donc bientôt :
Car c'est votre avantage,

La Noisette Rambaud.

TOURISTES ! GOURMETS !..

Demandez - la partout.

NIHIL OBSTAT
Rupellœ, die 15ª maii 1925
E. Chadeyras, censor.

IMPRIMATUR
Rupellœ, die 16ª maii 1925
A. Barbe, vic. génér.

TOURISTES, pour être bien servis, descendez à l'

HOTEL des VOYAGEURS

tenu par Mme Vve GUILLET

à **Mortagne-sur-Gironde**

Chambres Confortables -:- Repas à toute Heure

GARAGE

ATELIER DE RÉPARATIONS

MISE AU POINT -:- TRAVAIL SOIGNÉ

CENTRAL-GARAGE
L. BOUTIN
Mortagne-sur-Gironde

(Charente-Inférieure)

AUTOMOBILES DE TOUTES MARQUES

BIJOUTERIE DAGÈS

98, Rue Gambetta, 98

ROYAN

Succursales { Cozes, Gemozac, La Tremblade

Chambres Confortables -:- Table Réputée

Vue sur la Mer

Eau Courante -:- Électricité

Prix Modérés

ROYAN-EXCURSION-HOTEL

Ex-Hôtel du CHEVAL NOIR

46, 48, Rue de la République, ROYAN

Excursions en cars automobiles et voitures particulières

TÉL. 74

www.ingramcontent.com/pod-product-compliance
Lightning Source LLC
LaVergne TN
LVHW021457060726
842527LV00006B/2304